Abc

Einladung zum Selberlesen

Liebe Eltern,

Sie haben Ihrem Kind Bücher vorgelesen? Sehr gut. Sie werden dies auch weiterhin tun? Um so besser. Aber wenn Ihr Kind einmal hinter das Geheimnis der Buchstaben gekommen ist, will es auch selber lesen. Es möchte erleben, wie beim Lesen eine spannende, lustige oder traurige Geschichte in ihm entsteht. Das ist gar nicht so einfach. Es dauert lange, bis ein Kind gut und gern liest.

Was es am Anfang braucht?
Ein ganzes Buch, das zum Lesen verlockt.
Ein Buch, das es beim Lesen nicht überfordert.
Ein Buch

* mit kurzen Geschichten
* mit einer genügend großen Schrift
* mit kurzen, überschaubaren Zeilen
* in einer verständlichen Sprache
* mit Bildern, die helfen den Sinn zu erfassen.

Bücher, die diesen Anforderungen gerecht werden, fördern das Abenteuer Lesen und machen Lust aufs nächste Buch.

Prof. Dr. Manfred Wespel,
lesedidaktischer Berater des
KÄNGURU-Programms

Klaus-Peter Wolf

Kleine Spaßgeschichten

Mit Bildern von Claudia de Weck

arsEdition

Die Deutsche Bibliothek – CIP-Einheitsaufnahme
Kleine Spassgeschichten / Klaus-Peter Wolf. Mit Bildern von Claudia de Weck. - 1. Aufl. - München : Ars-Ed., 1997
(Känguru : Erste Geschichten zum Selberlesen)
ISBN 3-7607-3756-0 Pp.

Didaktische Beratung: Prof. Dr. Manfred Wespel
Nach den Regeln der neuen Rechtschreibung

Gedruckt auf umweltfreundlichem Papier ohne Chlorbleiche

1. Auflage 1997

Ausstattung und Herstellung: arsEdition, München
Titelbild und Innenillustrationen: Claudia de Weck
Titelvignette: Carola Holland
Einbandgestaltung: Ralph Bittner
Printed in Germany
ISBN 3-7607-3756-0

Inhalt

Ein Elefant lernt sprechen

Peter kannte einen
ganz dicken Elefanten,
der hieß Paul und lebte im Zoo.

Peters Papa hieß auch Paul.
Aber der war dünn
und wohnte nicht im Zoo.

Paul hatte Peter
das Sprechen beigebracht.
Jetzt versuchte Peter,
Paul das Sprechen beizubringen.
Das war gar nicht so einfach.
Denn Paul war ziemlich doof.
Also – der Elefant.
Nicht der Papa!

In den Ferien lief Peter
jeden Morgen zu Paul.
Er brachte ihm immer
Nüsse mit.
Wenn Peter
mit seiner Tüte raschelte,
wurde Paul ganz aufgeregt.

Peter hielt eine Erdnuss hoch.
„Das ist eine Erdnuss“,
sagte Peter.
Paul nickte
und freute
sich schon.

„Sag Erdnuss,
dann gehört sie dir.“
Paul nickte wieder.

„Sag es: Erdnuss!“
Paul hob seinen Rüssel
und machte: „Pfffff!“

„Das war noch nicht ganz richtig“,
sagte Peter.
Doch er wollte nicht
kleinlich sein.

Er gab Paul die Erdnuss.
Dann hielt Peter einen Apfel hoch.
„Das ist ein Apfel.“
„Pfffff!“, machte Paul
und bekam auch den Apfel.

Papa Paul wunderte sich
über seinen Sohn.
„Was machst du
jeden Tag im Zoo?“,
fragte er.

„Ich bringe einem Elefanten
das Sprechen bei.“
Papa lachte.
„Ach, das geht doch nicht!“

Doch Peter meinte:
„Und ob das geht!
Du hast mir doch auch
das Sprechen beigebracht.
Der Elefant kann noch nicht
richtig sprechen.
Aber er versteht mich schon.
Jawohl!“
Papa schüttelte
ungläubig
den Kopf.

An einem heißen Sommertag
ging Papa mit in den Zoo.
Er wollte es genau wissen.

„Blamier mich nicht!“,
sagte Peter streng zu Paul
und hielt eine Nuss hoch.
Paul machte: „Pfffff!“

Peter guckte sauer zu Paul.
Papa sagte nichts.
Er wischte sich den Schweiß ab.
Es war wirklich heiß.
„Eine kalte Dusche
wäre jetzt nicht schlecht.
Lass uns lieber baden gehen!“,
schlug er vor.

Paul ließ seinen Rüssel
ins Wasserbecken baumeln
und saugte ihn voll.
„Was macht der da?“,
fragte Papa.
„Der wird doch wohl nicht ...“

Da prustete Paul schon los.
Klatschnass stand Papa da.
Peter freute sich:
„Siehst du!
Verstehen kann er uns schon."
Paul zwinkerte
seinem Freund Peter zu.

Der geheime Floh

Susi wünscht sich
ein Tier.
Aber Susi wohnt
mit ihren Eltern
in einem Hochhaus.
Im sechsten Stock.
Das ist kein Ort
um Pferde zu züchten.
Kein Platz für Hunde oder Schafe.
Sogar Kaninchen und Goldhamster
sind hier verboten.

Trotzdem schreibt Susi
auf jeden Wunschzettel:

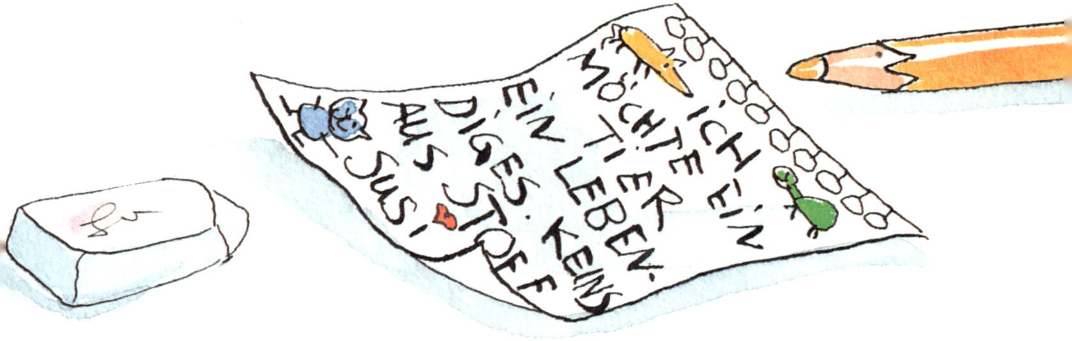

Doch zum Geburtstag
bekommt Susi Bücher, CDs,
einen Teddy und ein Spiel.
Ein Tier ist nicht dabei.
„Das kann doch nicht alles sein“,
sagt Susi enttäuscht.

Papa kratzt sich am Hals.
Dann sagt er: „Ein Floh!
Ich habe einen Floh
vom Markt mitgebracht!"

„Was? Ein Floh?",
ruft Susi.
Aber Papa kann
den Floh nicht finden.
Er zieht sein Hemd aus.
Er hat große rote Flecken
an Brust und Rücken.
„Oh, es juckt so!", jammert er.

Mama sucht Papa
nach dem Floh ab.
Papa zieht sich
bis auf die Unterhose aus.
Mama pudert ihn
mit einem stinkigen Pulver ein.

Susi freut sich.
„Ein Floh! Papa hat mir
doch ein Tier mitgebracht!"

„Ich glaube, ich hab ihn!",
kreischt Mama.
Sie hält etwas
zwischen den Fingern.

„Zerquetsche ihn!“, fordert Papa.
„Nein, nicht!“, fleht Susi.
Mama drückt zu.
Aber es war nur
ein Brötchenkrümel.

Die Eltern suchen
weiter nach dem Floh.
Sie versuchen
ihn mit einem Spray zu vertreiben.
Da krabbelt etwas
über Susis rechtes Ohr.

Ein kleiner grüner Floh.
Susi rennt mit ihm in ihr Zimmer.
Sie findet ihn ganz putzig.

„Hab keine Angst“, sagt sie.
„Ich beschütze dich.“
Susi tauft den Floh Alfons.
Sie weiß nicht, ob Alfons
ein Junge oder ein Mädchen ist.

Sie baut für Alfons
ein Haus aus Pappe.
Es ist nicht größer als
eine Streichholzschachtel.
Aber für Alfons ist es
ein riesiges Schloss.

So ist Susis Wunsch doch
in Erfüllung gegangen.

Klaus spielt Papa einen Streich

Die Ferien sollen lustig anfangen.
Darum hat sich Klaus
einen Streich ausgedacht.
Er will seinen Papa reinlegen.
Der heißt auch Klaus.
Genau wie Klaus.
Klaus Wurst. Wurst wie Käse.

Papa kommt nach Hause.
Er hatte einen harten Tag
im Büro.
Er wirft seine Tasche in die Ecke.
Dann lässt er sich
in den Sessel fallen
und stöhnt.
„Du hast es gut“,
sagt er zu Klaus.

Doch Klaus
sieht traurig aus.
„So, findest du ...“,
jammert er.

„Klar! Du hast Ferien.“
Doch jetzt sieht Papa,
dass Klaus eine Schnute zieht.
„Was ist denn, mein Kleiner?
Hast du Kummer?“
„Hm“, brummt Klaus.

Papa sagt:
„In deinem Alter war ich
immer gut gelaunt.
Ich hatte keine Sorgenfalten
auf der Stirn wie du."
Klaus verbirgt sein Gesicht
im Arm.

Jetzt kapiert Papa.
„Ach, du hast
dein Zeugnis bekommen."
„Hm", brummt Klaus.

„Na, dann zeig mal her.
So schlimm wird es
schon nicht sein“,
meint Papa.

„Doch, Papa. Bestimmt
schimpfst du mich aus.“
Papa winkt ab.
„Ach was. Ich doch nicht.
Ich bin doch kein Mecker-Papa.“

Klaus gibt ihm das Zeugnis.
Papa bleibt die Luft weg.
Dreimal mangelhaft.
Eigentlich wollte er
seinen Sohn trösten.
Aber jetzt schimpft er doch.
„Das darf ja wohl nicht wahr sein!“

„Papa, ich …“
„Ruhe! Jetzt rede ich!“,
schreit Papa wütend.
„Das Schwimmbad ist gestrichen.
Fernsehen auch!“
„Aber Papa, ich …“
„Ruhe! Nimm dir
ein Beispiel an mir.
Ich arbeite hart.
Nur so hat man Erfolg.“

„Aber Papa, nun sei doch nicht so sauer.
Das ist doch gar nicht mein Zeugnis."

Papa ist verwirrt.
„Bitte? Was?"

„Es ist deins", sagt Klaus.
„Ich habe es auf dem Speicher gefunden."
„Ja, aber ...",
stammelt Papa.

Klaus reicht ihm grinsend
sein eigenes Zeugnis.
Kein einziges Mangelhaft.

Klaus lacht:
„Ja, da staunst du, was, Papa?
Nimm dir ruhig
ein Beispiel an mir."
Papa stöhnt und nickt.

Steffen passt auf

Steffen möchte gerne
Pirat werden.
Oder wenigstens Cowboy.
Raubritter
wäre auch nicht schlecht.

Aber Steffen ist ängstlich.
Doch das ahnt niemand.
Denn Steffen tut immer
ganz mutig.
Das bringt ihn manchmal
in Schwierigkeiten.

Jetzt zum Beispiel.
Mama und Papa
wollen zu einem Gartenfest.
Der Babysitter ist krank.
Steffen hofft,
dass seine Eltern
zu Hause bleiben.
Aber das kann er
doch nicht sagen!

Piraten brauchen
keinen Babysitter.

Cowboys haben
keine Angst im Dunkeln.
Raubritter machen
nicht gleich in die Hose,
wenn die Eltern ausgehen.

Also sagt Steffen:
„Viel Spaß!
Ich komm auch ohne euch klar.“

Kaum haben die Eltern
das Haus verlassen,
hört Steffen Geräusche.
Da! Faucht da ein Tiger?
Oder springt nur
die Heizung an?

Steffen lädt seine
drei Wasserpistolen.
Er holt Pfeil und Bogen.
Er bindet sich das
Gummischwert um.
Er setzt seinen Helm auf.

Dann verschanzt sich Steffen
im Bett hinter dem Teddy
und dem dicken Kopfkissen.
So. Jetzt sollen die Einbrecher
ruhig kommen.
Steffen ist vorbereitet.

„Und wenn es ein Erdbeben gibt?“, denkt er.

Er hat schon einen Plan.
Ein Erdbeben wird bestimmt
im Radio angekündigt.
Also setzt sich Steffen
die Kopfhörer auf.

Im Radio gibt es aber
keine Warnung vor Erdbeben.
Nur ruhige Musik.
So richtig zum Einschlafen.
Schon schnarcht Steffen.

Plötzlich fängt es
heftig an zu regnen.
Steffens Eltern
rennen nach Hause.

Sie sind nass geworden.
Und sie haben
den Schlüssel vergessen.

Papa klopft und ruft.
„Steffen! Steffen! Mach auf!
Wir sind es, Mama und Papa!“

Aber Steffen hört nur die Musik
und schläft.
Steffens Zimmer ist
im ersten Stock.

„Vielleicht hört er uns
deshalb nicht“,
sagt Mama und klingelt.
Steffen schläft weiter.

Papa klettert
auf einer Leiter
am Haus hoch
und klopft
an Steffens Fenster.
„Steffen! Mach auf!
Wir sind schon
ganz nass!“

Steffen schläft.
Er hält dabei
die Wasserpistole
fest an sich gedrückt.

„Mir bleibt nichts anderes übrig“,
stöhnt Papa.
Dann schlägt er
die Fensterscheibe ein.
Er klettert ins Haus
und öffnet der Mutter die Tür.

Gemeinsam ziehen sie
dem schnarchenden Steffen
einen Schlafanzug an.
Seine Waffen räumen sie weg.

Als Mama Steffen zudeckt,
öffnet er die Augen.
„Macht euch keine Sorgen“,
sagt Steffen.
„Ich pass schon auf.“

KÄNGURU Lesestufen-Modell

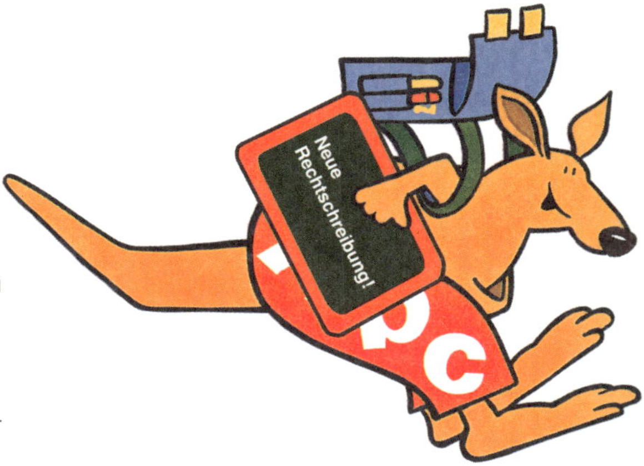

So macht Lesenlernen richtig Spaß – mit Büchern, die auf die unterschiedlichen Lernphasen zugeschnitten sind: 5 Lernschritte, 5 Buch-Reihen. »Kinder werden dann zu begeisterten Lesern, wenn Buch und Lese-entwicklung zusammenpassen.«

Prof. Dr. Manfred Wespel, lesedidaktischer Berater des KÄNGURU-Programms

»Mit Comics lesen lernen«

2. Lesestufe ab 6 Jahre

- jeweils eine kurze Geschichte für Leseanfänger
- mit frechen und witzigen Comic-Elementen
- leicht lesbare Fibelschrift

»Mit Bildern lesen lernen«

1. Lesestufe ab 5 Jahre

- kurze lustige Geschichten mit einfachem Text
- Bilder ersetzen Namenwörter
- sehr große Fibelschrift
- fünf doppelseitige Suchbilder

»Kinderroman« und »Krimi-Abenteuer«

5. Lesestufe
ab 10 Jahre

- jeweils ein längerer packender Roman für begeisterte »Leseprofis«
- eingestreute Schwarzweiß-Illustrationen

»Leseabenteuer in Farbe«

4. Lesestufe
ab 8 Jahre

- jeweils eine längere spannende Geschichte
- viele farbige Illustrationen
- große Schrift

»Erste Geschichten zum Selberlesen«

. Lesestufe
b 7 Jahre

- mehrere kurze Geschichten zu einem Thema
- klare Textgliederung als Lesehilfe
- große Fibelschrift
- viele farbige Illustrationen

Alle hier gezeigten Bücher nach NEUER RECHTSCHREIBUNG!